Impressum
Verlag: BABADADA GmbH, Nedderfeld 112 , 22529 Hamburg
Geschäftsführer / Verlagsleitung: Harald Hof
Druck: Books on Demand GmbH, In de Tarpen 42, 22848 Norderstedt

Imprint
Publisher: BABADADA GmbH, Nedderfeld 112 , 22529 Hamburg, Germany
Managing Director / Publishing direction: Harald Hof
Print: Books on Demand GmbH, In de Tarpen 42, 22848 Norderstedt, Germany

Szkoła
kool

Sala lekcyjna
klassiruum

dzielić
jagama

186/2

Dziedziniec szkolny
koolihoov

Tablica
tahvel

Nauczyciel
õpetaja

Papier
paber

pisać
kirjutama

Pisak
pastapliiats

Biurko
kirjutuslaud

Liniał
joonlaud

Książka
raamat

Uczeń
õpilane

Plecak szkolny

koolikott

Piórnik

pinal

Ołówek

harilik pliiats

Temperówka

pliiatsiteritaja

Gumka do mazania

kustukumm

Blok rysunkowy

joonistusplokk

Rysunek

joonistus

Pędzel

pintsel

Pudełko z akwarelami

värvikarp

Nożyce

käärid

Klej

liim

Książka do ćwiczenia

töövihik

Zadanie domowe

kodutöö

Liczba

number

2+2

dodawać

liitma

5-2

odejmować

lahutama

mnożyć

korrutama

liczyć

arvutama

A

Litera

täht

ABCDEFG
HIJKLMN
OPQRSTU
VWXYZ

Alfabet

tähestik

Słowo

sõna

Tekst

tekst

czytać

lugema

Kreda

kriit

Godzina

koolitund

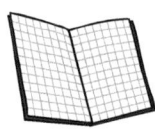

Dziennik lekcyjny

klassipäevik

Egzamin

eksam

Świadectwo

tunnistus

Mundurek szkolny

koolivorm

Wykształcenie

haridus

Leksykon

entsüklopeedia

Uniwersytet

ülikool

Mikroskop

mikroskoop

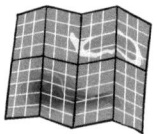

Mapa

kaart

Kosz na odpadki

paberikorv

Podróż
reisimine

Hotel
hotell
Schronisko
hostel
ROOMS
EXCHANGE
Kantor wymiany walut
valuutavahetuspunkt
Walizka
kohver
Auto
auto

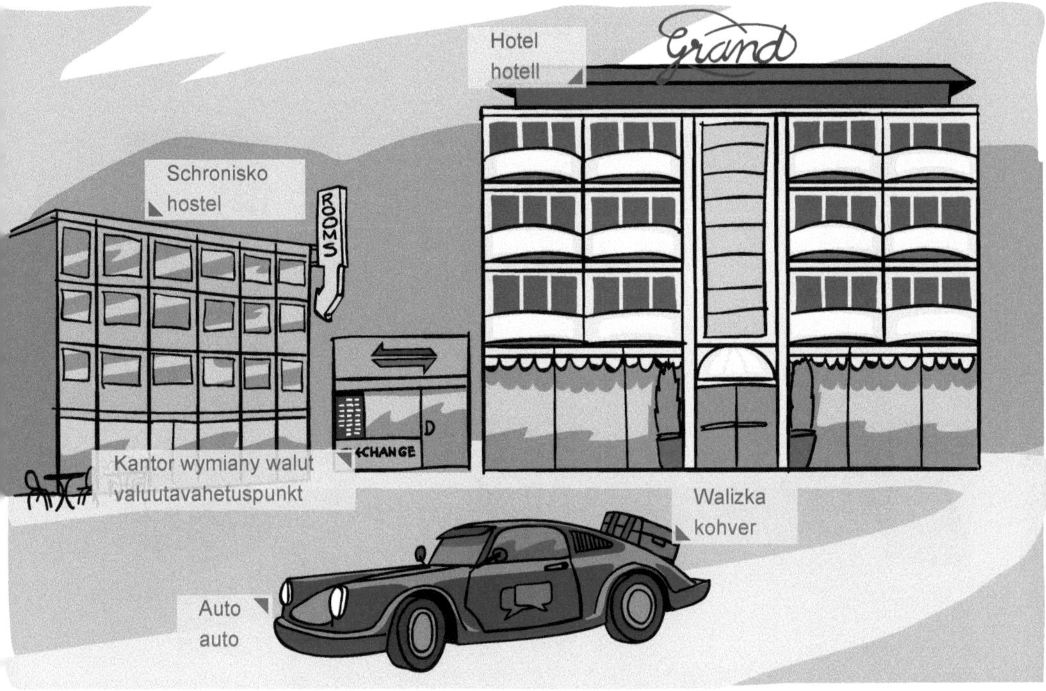

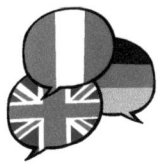

Język
keel

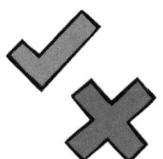

tak / nie
jah / ei

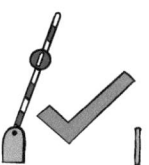

OK
okei

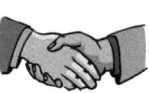

Halo
Tere!

Tłumacz
tõlk

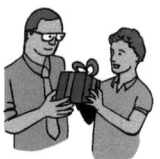

Dziękuję
Aitäh!

Ile kosztuje ...?

Kui palju maksab ...?

Nie rozumiem

Ma ei saa aru

Problem

probleem

Dobry wieczór!

Tere õhtust!

Dzień dobry!

Tere hommikust!

Dobranoc!

Head ööd!

Do widzenia

Head aega!

Kierunek

suund

Bagaż

pagas

Torba

kott

Plecak

seljakott

Gość

külaline

Pokój

tuba

Śpiwór

magamiskott

Namiot

telk

Informacja turystyczna

turismiinfo

Plaża

rand

Karta kredytowa

krediitkaart

Śniadanie

hommikusöök

Obiad

lõunasöök

Kolacja

õhtusöök

Bilet

pilet

Winda

lift

Znaczek na list

postmark

Granica

riigipiir

Cło

toll

Ambasada

saatkond

Wiza

viisa

Paszport

pass

Transport
transport

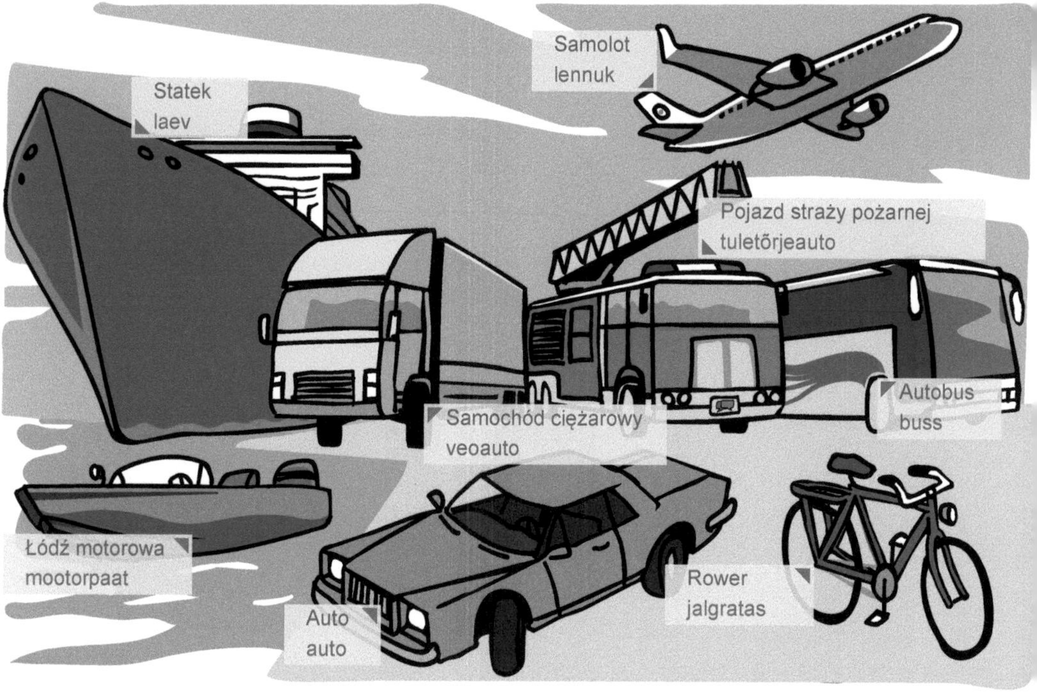
Samolot
lennuk
Statek
laev
Pojazd straży pożarnej
tuletõrjeauto
Autobus
buss
Samochód ciężarowy
veoauto
Łódź motorowa
mootorpaat
Rower
jalgratas
Auto
auto

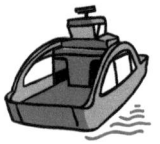

Prom

praam

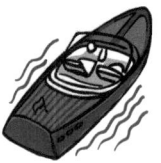

Łódź

paat

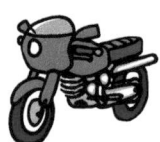

Motocykl

mootorratas

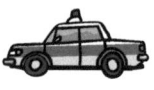

Radiowóz policyjny

politseiauto

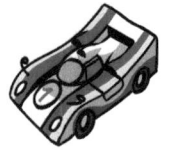

Samochód wyścigowy

võidusõiduauto

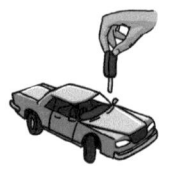

Samochód wypożyczony

rendiauto

Wspólne przejazdy
samochodem
ühisauto

Samochód pomocy
drogowej
puksiirauto

Śmieciarka
....
prügiauto

Silnik
....
mootor

Benzyna
....
kütus

Stacja benzynowa
....
tankla

Znak drogowy
....
liiklusmärk

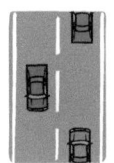

Ruch
....
liiklus

Korek
....
liiklusummik

Parking
....
parkla

Dworzec
....
raudteejaam

Szyny
....
rööpad

Pociąg
....
rong

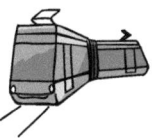

Tramwaj
....
tramm

Wagon
....
vagun

Helikopter

helikopter

Lotnisko

lennujaam

Wieża

torn

Pasażer

reisija

Kontener

konteiner

Karton

pappkast

Taczka

käru

Kosz

korv

startować / lądować

õhku tõusma / maanduma

Miasto
linn

Wieś

küla

Centrum miasta

kesklinn

Dom

maja

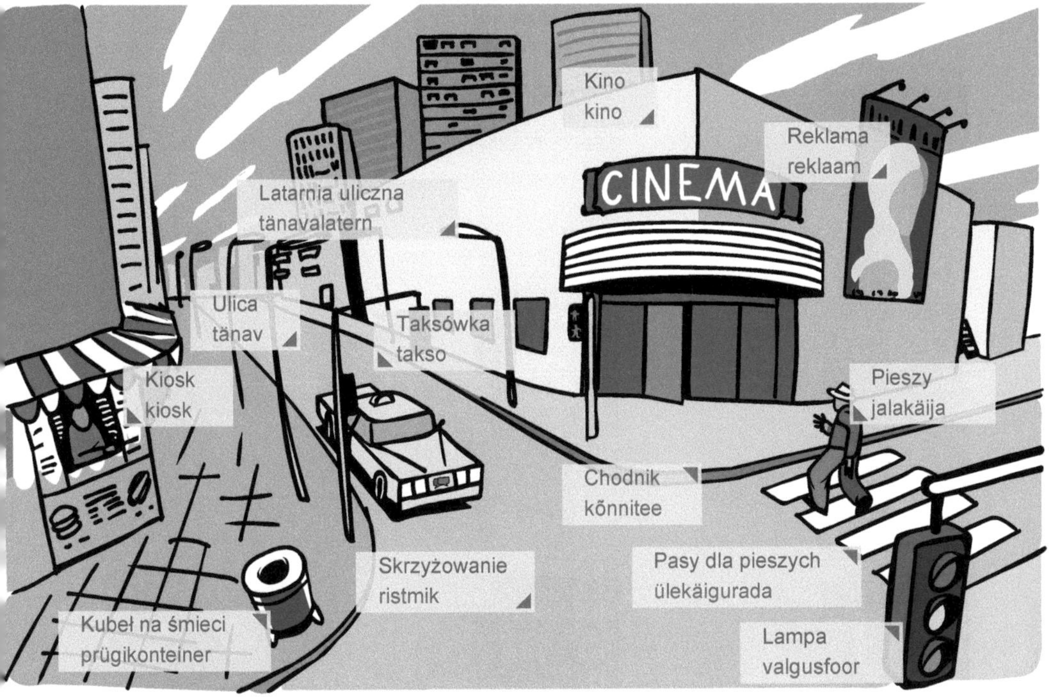

Kino
kino

Reklama
reklaam

Latarnia uliczna
tänavalatern

CINEMA

Ulica
tänav

Taksówka
takso

Pieszy
jalakäija

Kiosk
kiosk

Chodnik
kõnnitee

Skrzyżowanie
ristmik

Pasy dla pieszych
ülekäigurada

Kubeł na śmieci
prügikonteiner

Lampa
valgusfoor

Chata

osmik

Mieszkanie

kortermaja

Dworzec

raudteejaam

Ratusz

raekoda

Muzeum

muuseum

Szkoła

kool

Uniwersytet

ülikool

Bank

pank

Szpital

haigla

Hotel

hotell

Apteka

apteek

Biuro

kontor

Księgarnia

raamatupood

Sklep

kauplus

Kwiaciarnia

lillepood

Supermarket

supermarket

Rynek

turg

Dom towarowy

kaubamaja

Sklep z rybami

kalapood

Centrum handlowe

kaubanduskeskus

Port

sadam

Park

park

Ławka

pink

Most

sild

Schody

trepp

Metro

metroo

Tunel

tunnel

Przystanek autobusowy

bussipeatus

Bar

baar

Restauracja

restoran

Skrzynka na listy

postkast

Tabliczka z nazwą ulicy

tänavasilt

Parkometr

parkimisautomaat

Zoo

loomaaed

Łaźnia

ujula

Meczet

mošee

Gospodarstwo chłopskie
talu

Zanieczyszczenie
środowiska
reostus

Cmentarz
surnuaed

Kościół
kirik

Plac zabaw
mänguväljak

Świątynia
tempel

Krajobraz
maastik

Liść
leht

Drogowskaz
teeviit

Droga
tee

Łąka
aas

Kamień
kivi

Wędrowiec
matkaja

Drzewo
puu

Rzeka
jõgi

Trawa
rohi

Kwiat
lill

Dolina	Góra	Jezioro
org	mägi	järv
	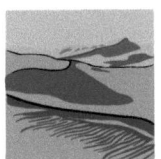	
Las	Pustynia	Wulkan
mets	kõrb	vulkaan

Zamek	Tęcza	Grzyb
linnus	vikerkaar	seen

Palma	Komar	Mucha
palm	sääsk	kärbes

Mrówka	Pszczoła	Pająk
sipelgas	mesilane	ämblik

Chrząszcz

mardikas

Żaba

konn

Wiewiórka

orav

Jeż

siil

Zając

jänes

Sowa

öökull

Ptak

lind

Łabędź

luik

Dzik

metssiga

Jeleń

hirv

Łoś

põder

Tama

pais

Wiatrak

tuuleturbiin

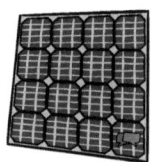

Moduł solarny

päikesepaneel

Klimat

kliima

Restauracja
restoran

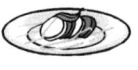

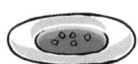

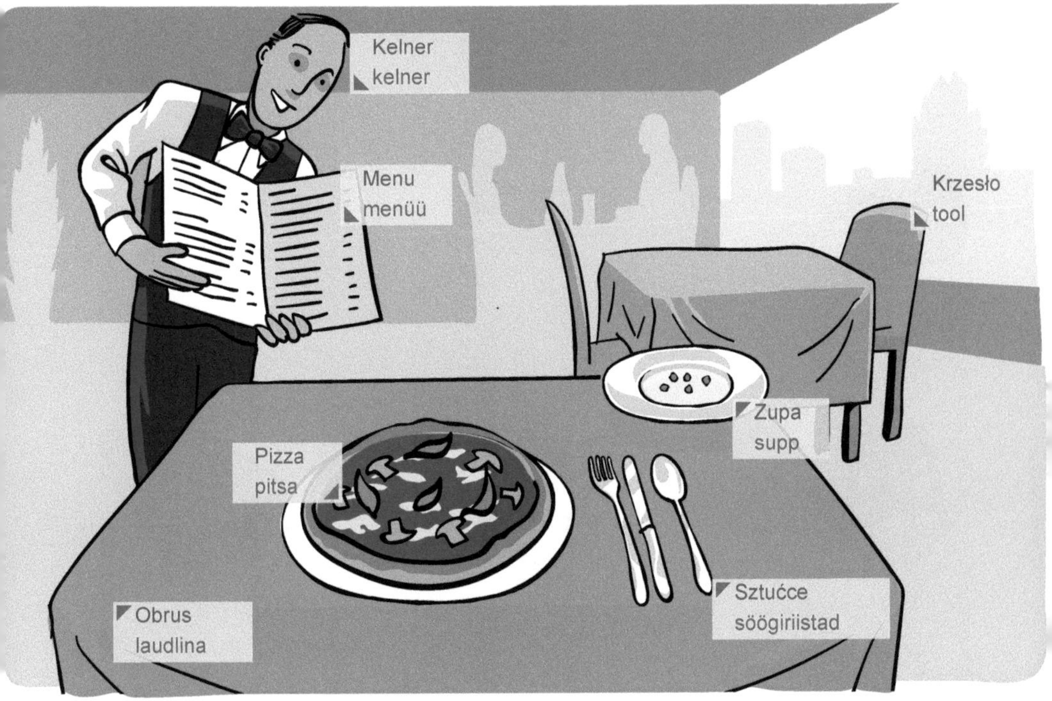
Kelner
kelner
Menu
menüü
Krzesło
tool
Zupa
supp
Pizza
pitsa
Sztućce
söögiriistad
Obrus
laudlina

Przystawka

eelroog

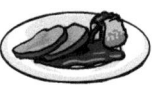

Danie główne

pearoog

Deser

magustoit

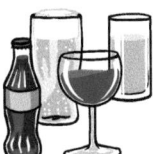

Napoje

joogid

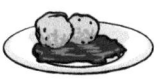

Jedzenie

toit

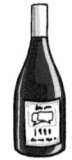

Butelka

pudel

Fastfood

kiirtoit

Streetfood

tänavatoit

Dzbanek na herbatę

teekann

Cukierniczka

suhkrutoos

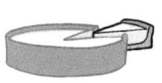

Porcja

portsjon

Zaparzarka do espresso

espressomasin

Krzesło dla dziecka

lastetool

Rachunek

arve

Taca

kandik

Noż

nuga

Widelec

kahvel

Łyżka

lusikas

Łyżeczka

teelusikas

Serwetka

salvrätik

Szklanka

klaas

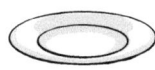

Talerz
....
taldrik

Talerz do zupy
....
supitaldrik

Podstawek pod filiżankę
....
alustass

Sos
....
kaste

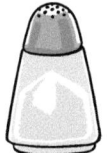

Solniczka
....
soolatoos

Młynek do pieprzu
....
pipraveski

Ocet
....
äädikas

Olej
....
õli

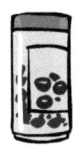 

Przyprawy
....
vürtsid

Keczup
....
ketšup

Musztarda
....
sinep

Majonez
....
majonees

Supermarket
supermarket

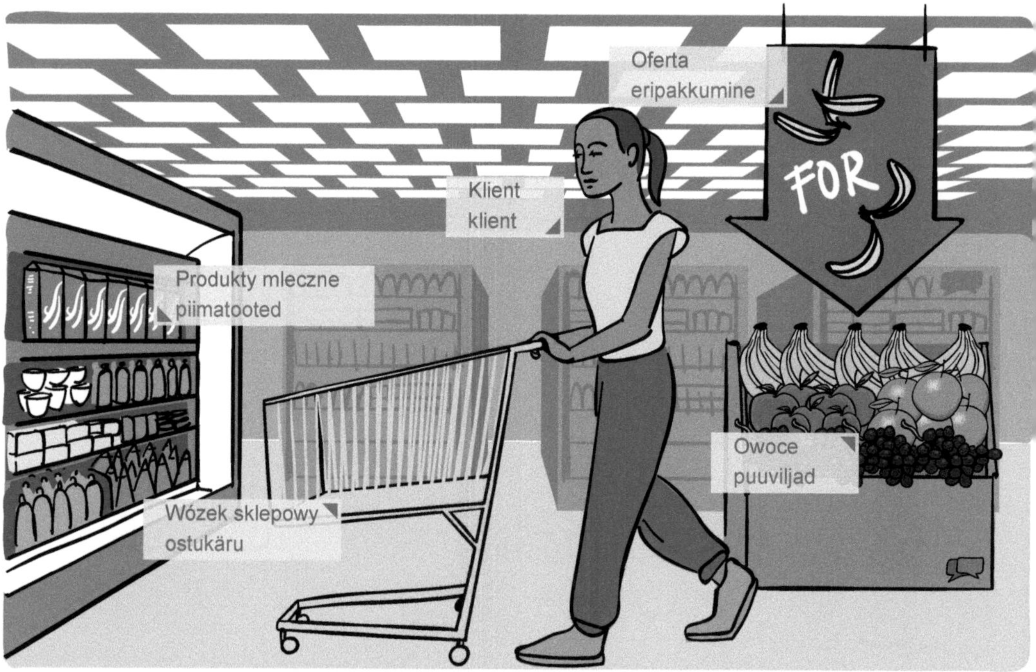

Oferta
eripakkumine
FOR
Klient
klient
Produkty mleczne
piimatooted
Owoce
puuviljad
Wózek sklepowy
ostukäru

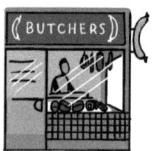

BUTCHERS

Rzeźnia

lihapood

BAKERY

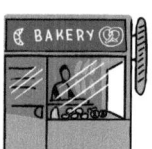

Piekarnia

pagariäri

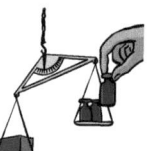

ważyć

kaaluma

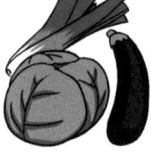

Warzywa

köögiviljad

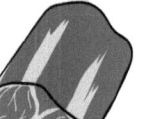

Mięso

liha

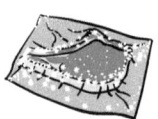

Mrożonki

külmutatud toit

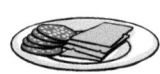

Wędliny

lihalõigud

Konserwy

konservid

Proszek m do prania

pesupulber

Słodycze

maiustused

Artykuły użytku domowego

majatarbed

Środek czyszczący

puhastustooted

Sprzedawczyni

müüja

Kasa

kassaaparaat

Kasjer

kassapidaja

Lista zakupów

ostunimekiri

Godziny otwarcia

lahtiolekuajad

Portfel

rahakott

Karta kredytowa

krediitkaart

Torba

kott

Torebka plastikowa

kilekott

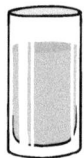

Woda

vesi

Sok

mahl

Mleko

piim

Cola

koola

Wino

vein

Piwo

õlu

Alkohol

alkohol

Kakao

kakao

Herbata

tee

Kawa

kohv

Espresso

espresso

Cappuccino

cappuccino

Banan

banaan

Jabłko

õun

Pomarańcza

apelsin

Arbuz

arbuus

Cytryna

sidrun

Marchew

porgand

Czosnek

küüslauk

Bambus

bambus

Cebula

sibul

Grzyb

seen

Orzechy

pähklid

Makaron

nuudlid

Spaghetti

spagetid

Ryż

riis

Sałatka

salat

Frytki

friikartulid

Ziemniaki pieczone

praekartulid

Pizza

pitsa

Hamburger

hamburger

Kanapka

võileib

Sznycel

šnitsel

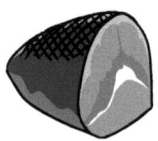

Szynka

sink

Salami

salaami

Kiełbasa

vorst

Kura

kana

Pieczeń

praeliha

Ryba

kala

Płatki owsiane

kaerahelbed

Musli

müsli

Płatki kukurydziane

maisihelbed

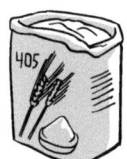

Mąka

jahu

Croissant

sarvesai

Bułka

kukkel

Chleb

leib

Toast

röstsai

Ciastka

küpsised

Masło

või

Twarożek

kohupiim

Ciasto

kook

Jajko

muna

Jajko sadzone

praemuna

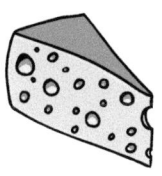

Ser

juust

Lody

jäätis

Cukier

suhkur

Miód

mesi

Marmolada

moos

Krem nugatowy

pähklivõie

Curry

karri

Gospodarstwo chłopskie
talu

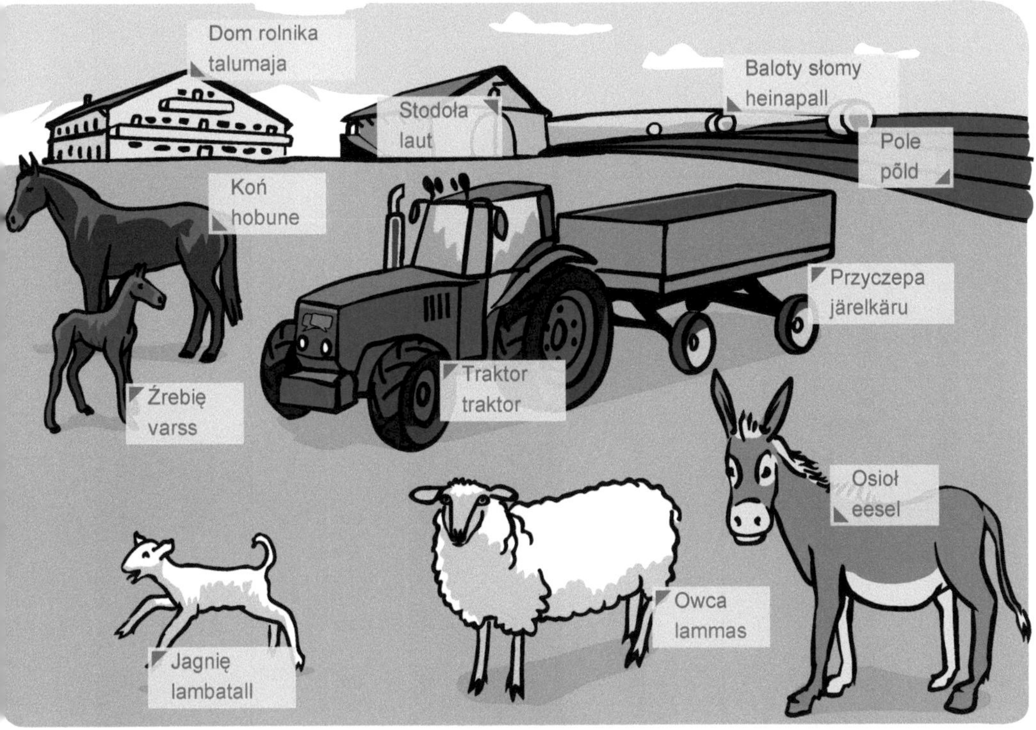

Dom rolnika
talumaja
Stodoła
laut
Baloty słomy
heinapall
Pole
põld
Koń
hobune
Przyczepa
järelkäru
Traktor
traktor
Źrebię
varss
Osioł
eesel
Owca
lammas
Jagnię
lambatall

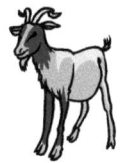

Koza

kits

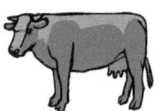

Krowa

lehm

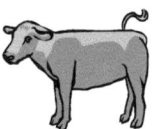

Cielę

vasikas

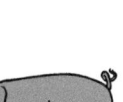

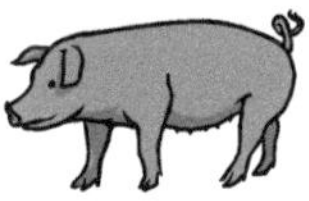

Świnia

siga

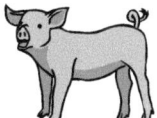

Prosię

põrsas

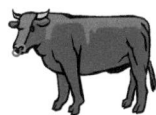

Byk

pull

Gęś

hani

Kaczka

part

Kurczątko

tibu

Kura

kana

Kogut

kukk

Szczur

rott

Kot

kass

Mysz

hiir

Osioł

härg

Pies

koer

Buda dla psa

koerakuut

Wąż ogrodowy

aiavoolik

Konewka

kastekann

Kosa

vikat

Pług

ader

Sierp

sirp

Graca

kõblas

Widły

hang

Siekiera

kirves

Taczka

käru

Koryto

küna

Kanka na mleko

piimanõu

Worek

kott

Płot

tara

Stajnia

tall

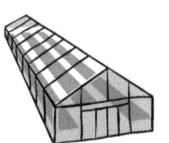

Szklarnia

kasvuhoone

Ziemia

muld

Nasiona

seeme

Nawóz

väetis

Kombajn zbożowy

kombain

zbierać

saaki koristama

Żniwa

saagikoristus

Podchrzyn

jamss

Pszenica

nisu

Soja

soja

Ziemniak

kartul

Kukurydza

mais

Rzepak

raps

Drzewo owocowe

viljapuu

Maniok

maniokk

Zboże

teravili

Dom
maja

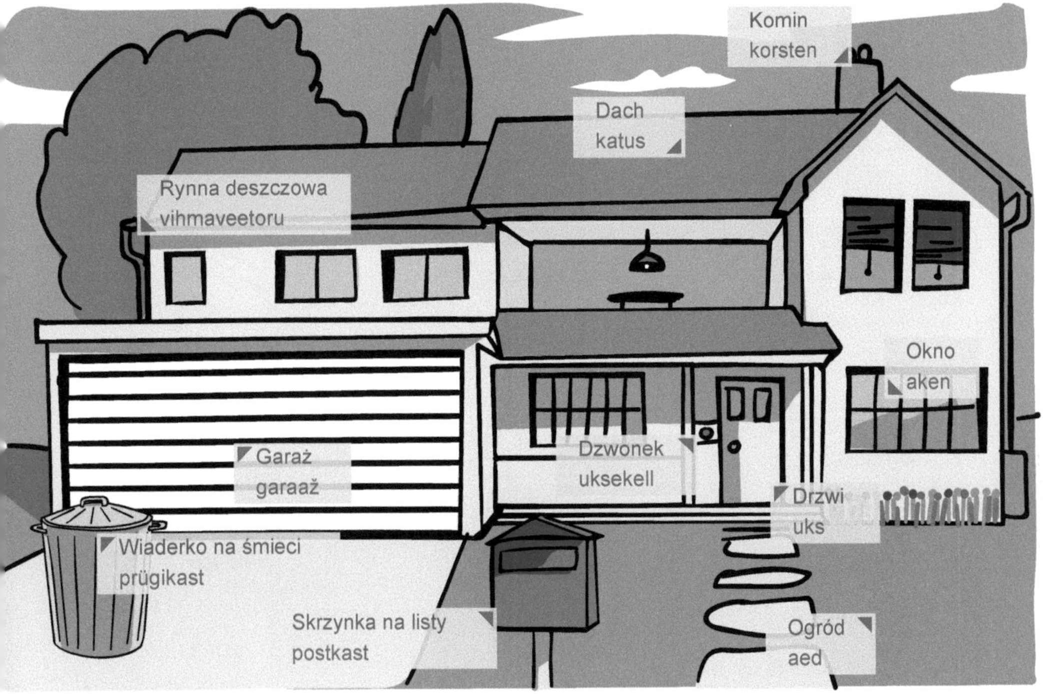
Komin
korsten
Dach
katus
Rynna deszczowa
vihmaveetoru
Okno
aken
Garaż
garaaž
Dzwonek
uksekell
Drzwi
uks
Wiaderko na śmieci
prügikast
Skrzynka na listy
postkast
Ogród
aed

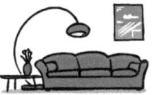

Pokój dzienny

elutuba

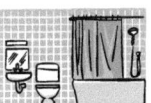

Łazienka

vannituba

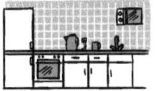

Kuchnia

köök

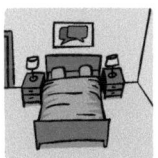

Sypialnia

magamistuba

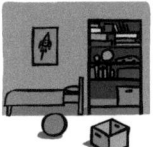

Pokój dziecięcy

lastetuba

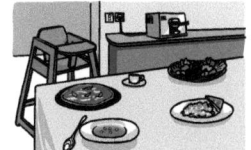

Jadalnia

söögituba

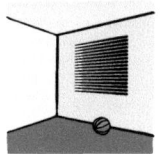

Ziemia

põrand

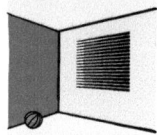

Ściana

sein

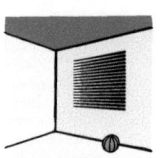

Koc

lagi

Piwnica

kelder

Sauna

saun

Balkon

rõdu

Taras

terrass

Basen

bassein

Kosiarka do trawy

muruniiduk

Poszwa

voodilina

Kołdra

päevatekk

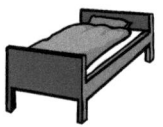

Łóżko

voodi

Miotła

luud

Wiadro

ämber

Włącznik

lüliti

Pokój dzienny
elutuba

Tapeta
tapeet
Obraz
pilt
Lampa
lamp
Regał
riiul
Szafa
kapp
Telewizor
televiisor
Komin
kamin
Kwiat
lill
Poduszka
padi
Kanapa
diivan
Wazon
vaas
Pilot
kaugjuhtimispult

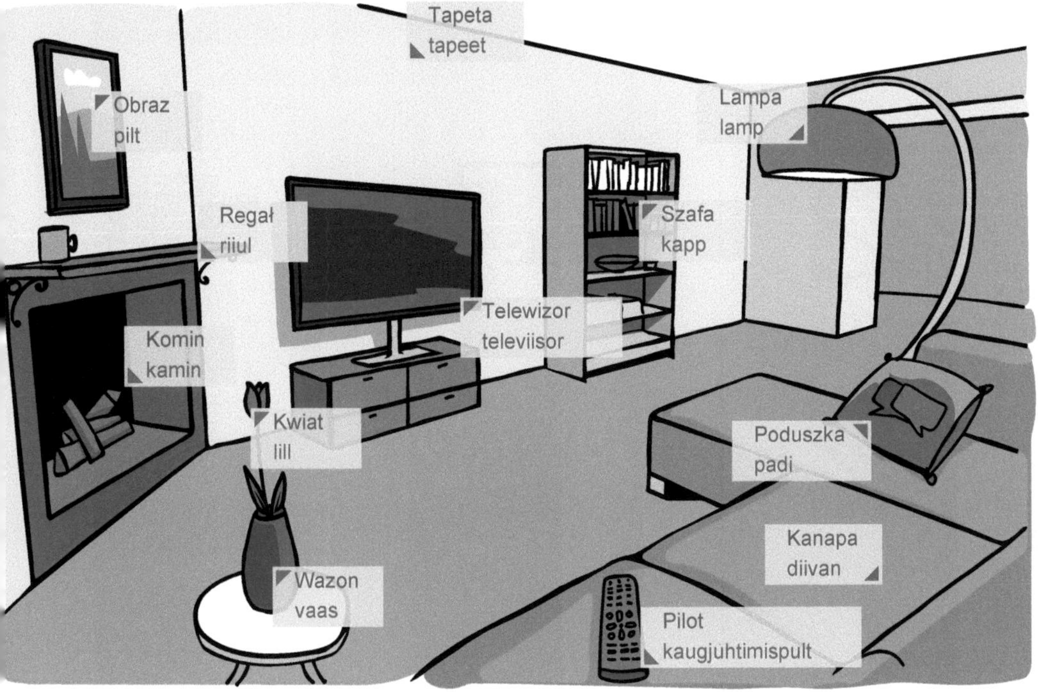

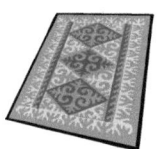

Dywan

vaip

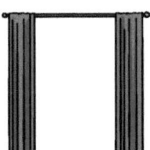

Zasłona

kardin

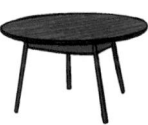

Stół

laud

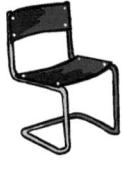

Krzesło

tool

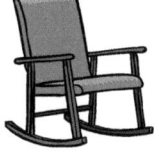

Bujak

kiiktool

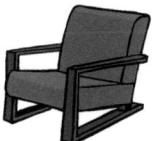

Fotel

tugitool

Książka

raamat

Sufit

tekk

Dekoracja

kaunistus

Drewno kominkowe

küttepuud

Film

film

Instalacja stereo

helisüsteem

Klucz

võti

Gazeta

ajaleht

Malunek

maal

Plakat

plakat

Radio

raadio

Notatnik

märkmik

Odkurzacz

tolmuimeja

Kaktus

kaktus

Świeczka

küünal

Kuchnia
köök

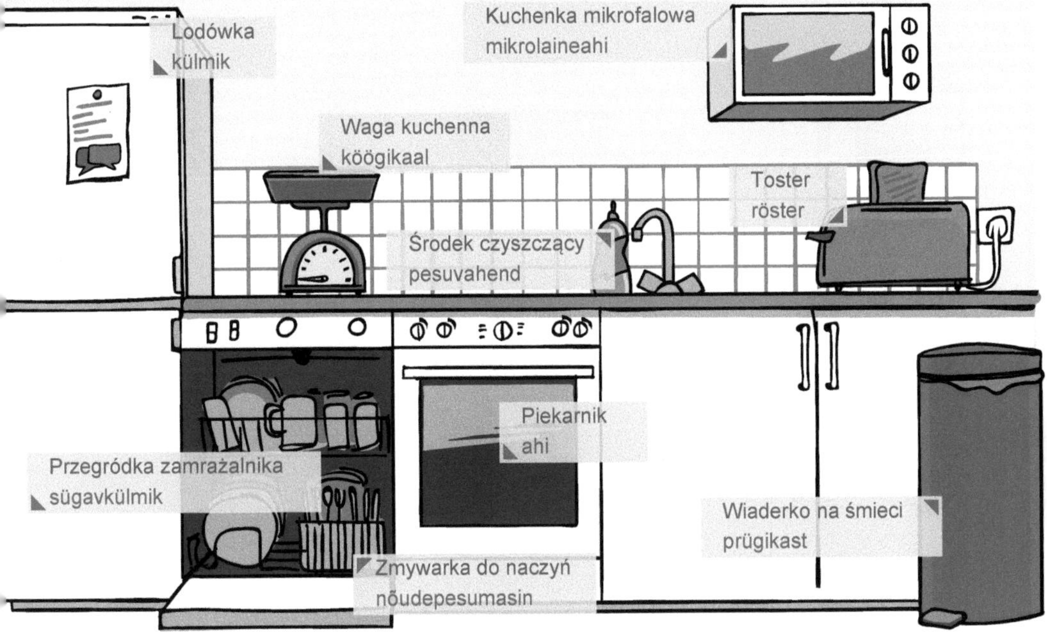
Lodówka
külmik
Kuchenka mikrofalowa
mikrolaineahi
Waga kuchenna
köögikaal
Toster
röster
Środek czyszczący
pesuvahend
Piekarnik
ahi
Przegródka zamrażalnika
sügavkülmik
Wiaderko na śmieci
prügikast
Zmywarka do naczyń
nõudepesumasin

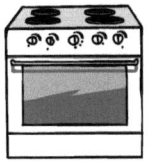

Kuchenka
pliit

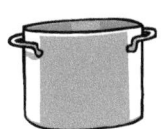

Garnek
pott

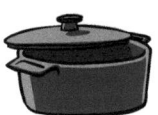

Kocioł żeliwny
malmpott

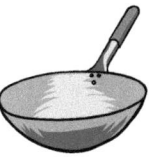

Wok / Kadai
vokkpann

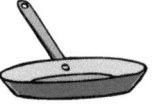

Patelnia
pann

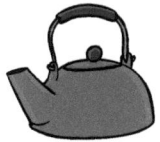

Czajnik
veekeetja

Parowar

aurutaja

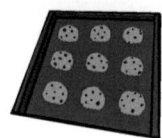

Blacha do pieczenia

küpsetusplaat

Naczynia kuchenne

lauanõud

Kubek

kruus

Miska

kauss

Pałeczki

söögipulgad

Nabierka

kulp

Łopatka do smażenia

pannilabidas

Trzepaczka do śmietany

vispel

Cedzak

kurn

Sitko

sõel

Tarka

riiv

Moździerz

uhmer

Grillowanie

grill

Palenisko

lahtine tuli

Deska

lõikelaud

Wałek do ciasta

tainarull

Korkociąg

korgitser

Puszka

konservipurk

Otwieracz do puszek

konserviavaja

Ściereczka do trzymania garnka

pajakinnas

Umywalka

kraanikauss

Szczotka

hari

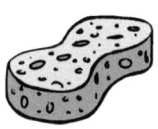

Gąbka

pesukäsn

Mikser

kannmikser

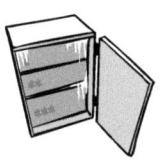

Zamrażarka

sügavkülmuti

Butelka dla niemowlęcia

lutipudel

Kran

segisti

Łazienka
vannituba

Prysznic
dušš
Ogrzewanie
küte
Ręcznik
käterätik
Kotara prysznicowa
dušikardin
Płyn do kąpieli
mullivann
Wanna kąpielowa
vann
Szklanka
klaas
Pralka
pesumasin
Kran
segisti
Kafelki
plaadid
Nocnik
pissipott
Umywalka
kraanikauss

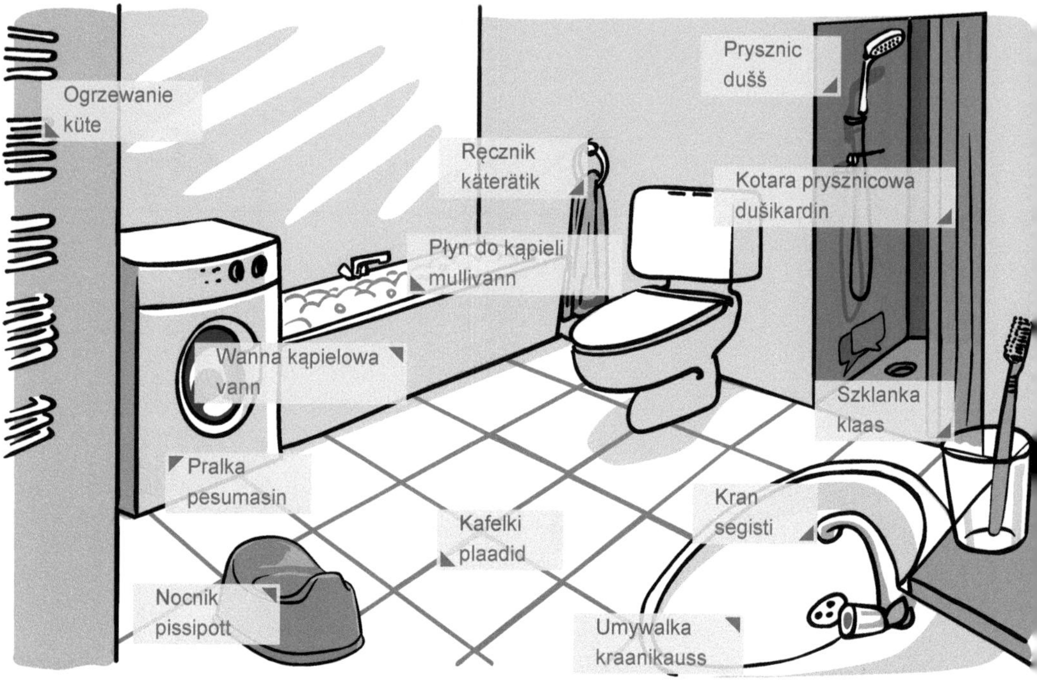

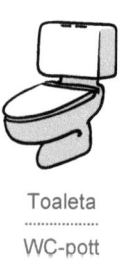

Toaleta
WC-pott

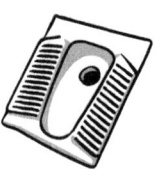

Toaleta kuczna
kükitamistualett

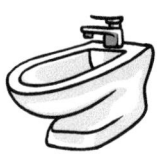

Bidet
bidee

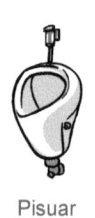

Pisuar
pissuaar

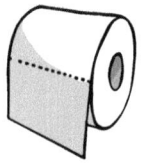

Papier toaletowy
tualettpaber

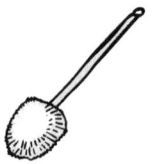

Szczotka toaletowa
WC-hari

Szczoteczka do zębów

hambahari

Pasta do zębów

hambapasta

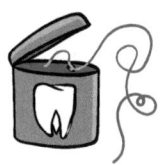

Nitki do czyszczenia zębów

hambaniit

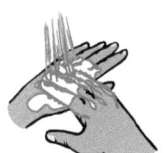

myć

pesema

Głowica prysznicowa

käsidušš

Płyn kąpielowy do higieny intymnej

intiimdušš

Miska do mycia

pesukauss

Szczotka kąpielowa

seljahari

Mydło

seep

Żel prysznicowy

dušigeel

Szampon

šampoon

Rękawica kąpielowa

vamm

Odpływ

äravool

Krem

kreem

Dezodorant

deodorant

Lustro

peegel

Lustro kosmetyczne

käsipeegel

Golarka

habemenuga

Pianka do golenia

raseerimisvaht

Woda po goleniu

habemevesi

Grzebień

kamm

Szczotka

hari

Suszarka do włosów

föön

Spray do włosów

juukselakk

Makijaż

meigikomplekt

Pomadka

huulepulk

Lakier do paznokci

küünelakk

Wata

vatt

Nożyczki do paznokci

küünekäärid

Perfum

parfüüm

Kosmetyczka

tualett-tarvete kott

Taboret

taburet

Waga

kaal

Szlafrok kąpielowy

hommikumantel

Rękawice gumowe

kummikindad

Tampon

tampoon

Podpaska damska

hügieeniside

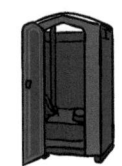

Toaleta chemiczna

keemiline tualett

Pokój dziecięcy
lastetuba

Budzik
äratuskell
Pluszowa przytulanka
pehme mänguasi
Samochodzik
mänguauto
Grzechotka
kõristi
Domek dla lalek
nukumaja
Prezent
kingitus

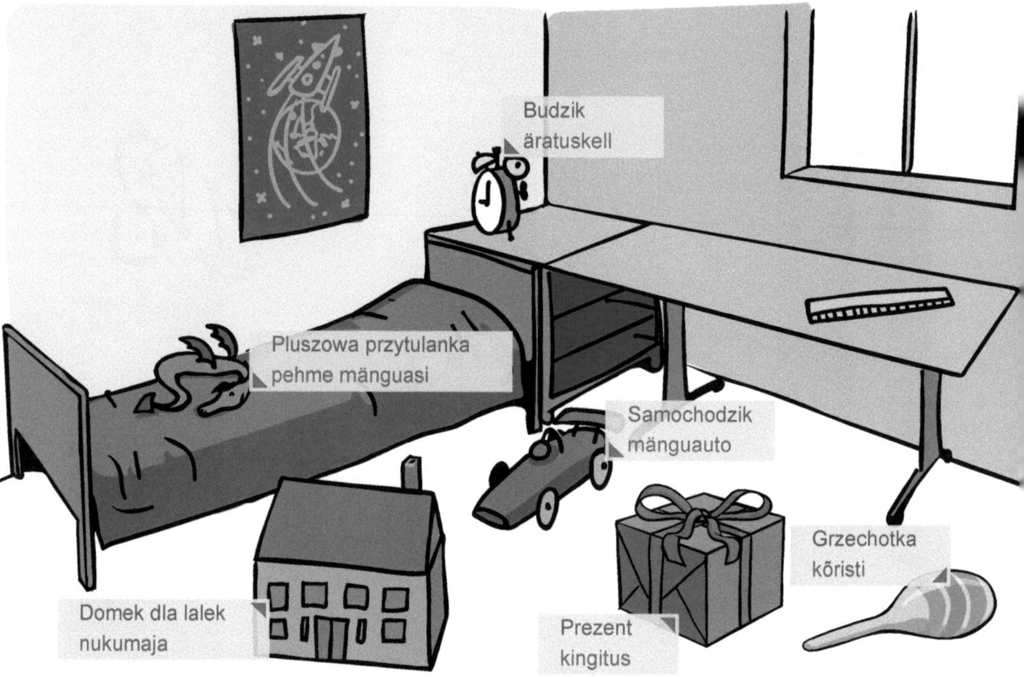

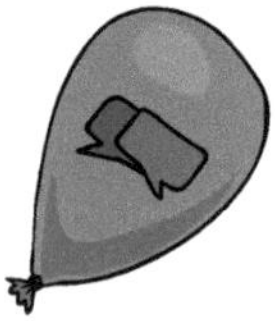

Balon
....
õhupall

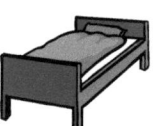

Łóżko
....
voodi

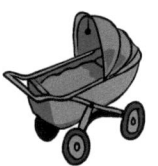

Wózek dziecięcy
....
lapsevanker

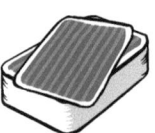

Gra w karty
....
kaardipakk

Puzzle
....
pusle

SUPER
MEGA

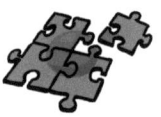

Komiks
....
koomiks

Klocki lego

Lego klotsid

Klocki

klotsid

Action figura

kujuke

Śpioszek dziecięcy

siputuspüksid

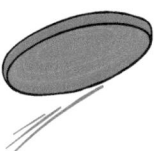

Frisbee

lendav taldrik

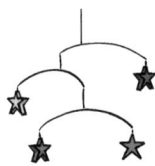

Zabawki ruchome

voodikarussell

Gra planszowa

lauamäng

Kości

täringud

Kolejka elektryczna

mudelrong

Smoczek

lutt

Przyjęcie

pidu

Książka z ilustracjami

pildiraamat

Piłka

pall

Lalka

nukk

bawić się

mängima

Piaskownica

liivakast

Huśtawka

kiik

Zabawki

mänguasjad

Konsola do gier

mängukonsool

Rowerek trójkołowy

kolmerattaline jalgratas

Pluszowy miś

mängukaru

Szafa ubraniowa

riidekapp

Ubiór

riietus

Skarpety

sokid

Pończochy

sukad

Rajstopy

sukkpüksid

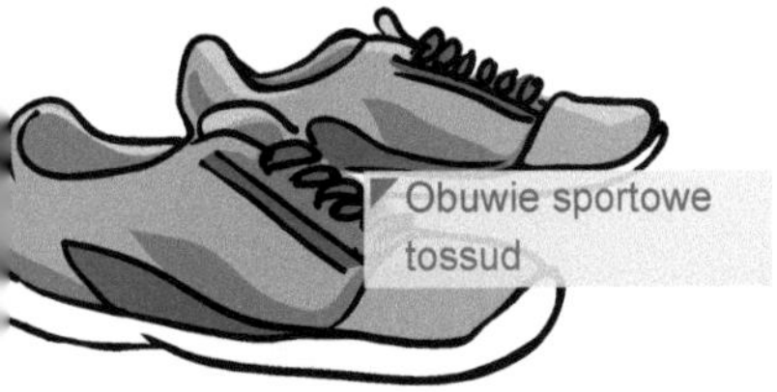

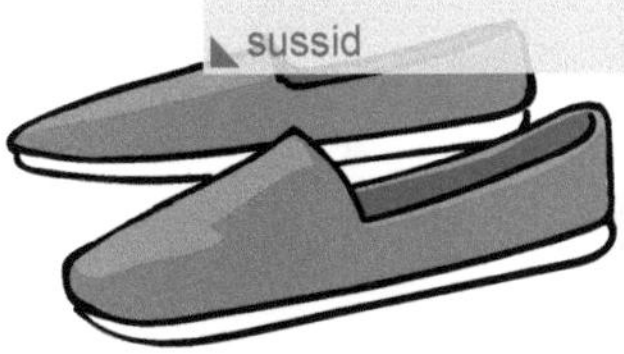

Szal
sall

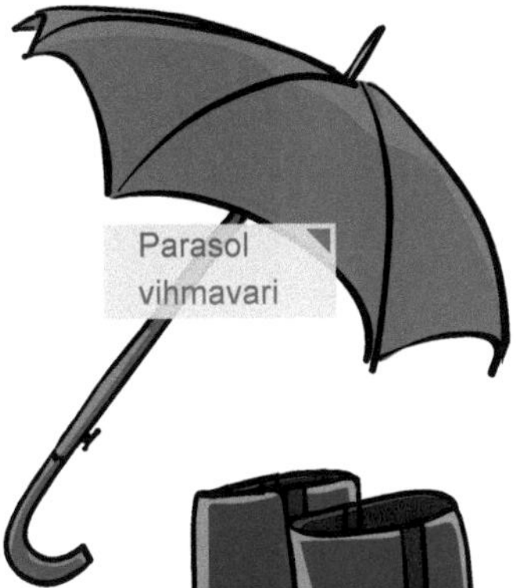

Parasol
vihmavari

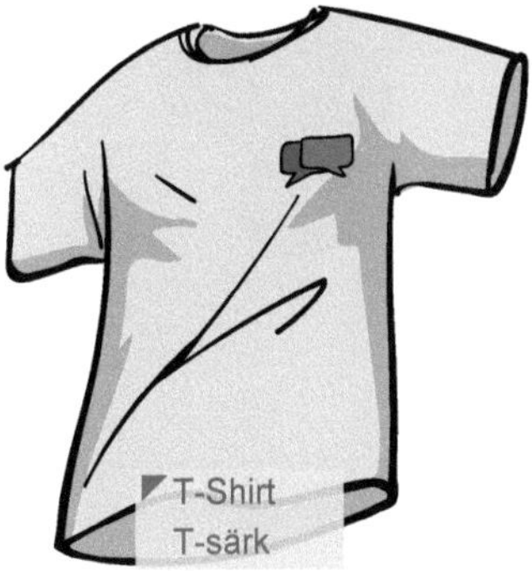

Pasek
vöö

T-Shirt
T-särk

Kozaki
saapad

Pantofle domowe
sussid

Obuwie sportowe
tossud

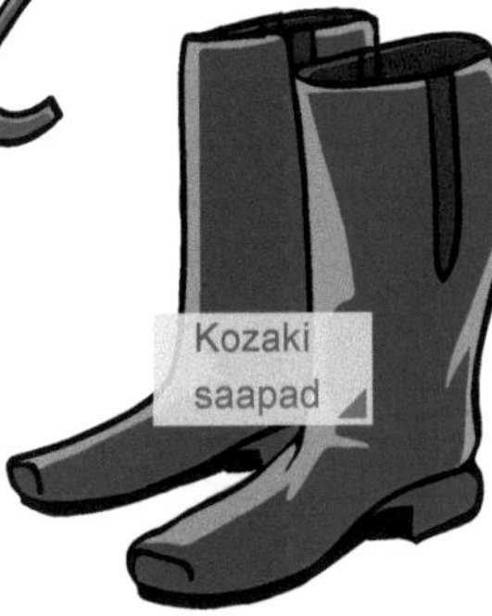

Sandały
....
sandaalid

Buty
....
jalatsid

Kalosze
....
kummikud

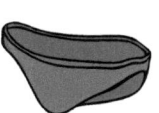

Majtki
....
aluspüksid

Biustonosz
....
rinnahoidja

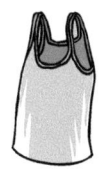

Podkoszulek
....
vest

Body

bodi

Spodnie

püksid

Dżins

teksapüksid

Spódnica

seelik

Bluzka

pluus

Koszula

särk

Pulower

sviiter

Bluza sportowa

dressipluus

Marynarka

bleiser

Kurtka

jakk

Płaszcz

mantel

Płaszcz przeciwdeszczowy

vihmamantel

Kostium

kostüüm

Sukienka

kleit

Suknia ślubna

pulmakleit

Garnitur męski
ülikond

Koszula nocna
öösärk

Piżama
pidžaama

Sari
sari

Chusta na głowę
pearätt

Turban
turban

Burka
burka

Kaftan
kaftan

Abaya
abayah

Strój kąpielowy
ujumistrikoo

Kąpielówki
ujumispüksid

Krótkie spodnie
lühikesed püksid

Dres sportowy
dressid

Fartuch
põll

Rękawiczki
kindad

Guzik

nööp

Okulary

prillid

Bransoletka

käevõru

Łańcuszek

kaelakee

Pierścionek

sõrmus

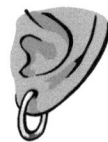

Kolczyk

kõrvarõngas

Czapka

nokamüts

Wieszak

riidepuu

Kapelusz

kaabu

Krawat

lips

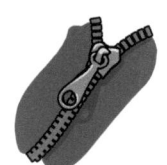

Zamek błyskawiczny

tõmblukk

Kask

kiiver

Szelki

traksid

Mundurek szkolny

koolivorm

Mundur

vormirõivad

Śliniaczek

pudipõll

Smoczek

lutt

Pieluszka

mähe

Biuro
kontor

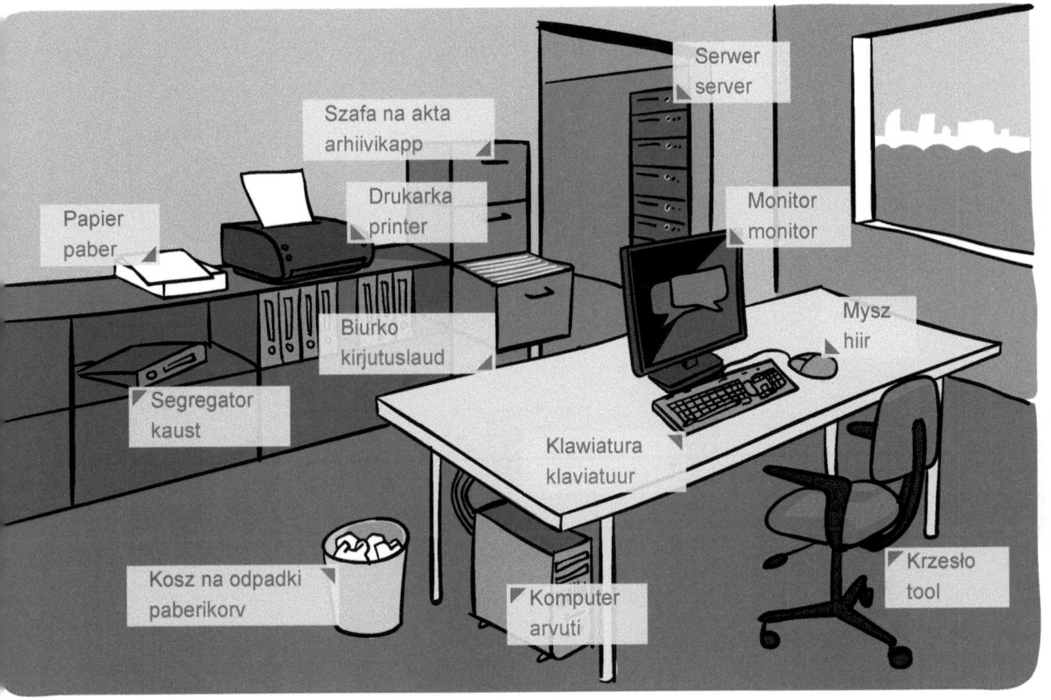

Serwer
server

Szafa na akta
arhiivikapp

Drukarka
printer

Papier
paber

Monitor
monitor

Mysz
hiir

Biurko
kirjutuslaud

Segregator
kaust

Klawiatura
klaviatuur

Kosz na odpadki
paberikorv

Krzesło
tool

Komputer
arvuti

Filiżanka do kawy

kohvikruus

Kalkulator

kalkulaator

Internet

internet

Laptop

sülearvuti

List

kiri

Wiadomość

sõnum

Komórka

mobiiltelefon

Sieć

võrk

Kopiarka

koopiamasin

Oprogramowanie

tarkvara

Telefon

telefon

Gniazdko

pistikupesa

Faks

faksimasin

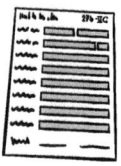

Formularz

vorm

Dokument

dokument

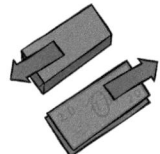

kupić
....
ostma

płacić
....
maksma

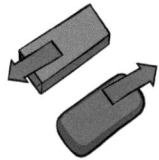

postępować
....
vahetama

Pieniądze
....
raha

Dolar
....
dollar

Euro
....
euro

Jen
....
jeen

Rubel
....
rubla

Frank
....
Šveitsi frank

Juan Renminbi
....
renminbi jüaan

Rupia
....
ruupia

Bankomat
....
sularahaautomaat

Kantor wymiany walut

valuutavahetuspunkt

Złoto

kuld

Srebro

hõbe

Olej

nafta

Energia

energia

Cena

hind

Umowa

leping

Podatek

maks

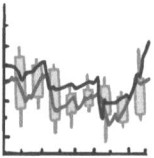

Akcja

aktsia

pracować

töötama

Pracownik umysłowy

töötaja

Pracodawca

tööandja

Fabryka

tehas

Sklep

kauplus

Zawody
ametid

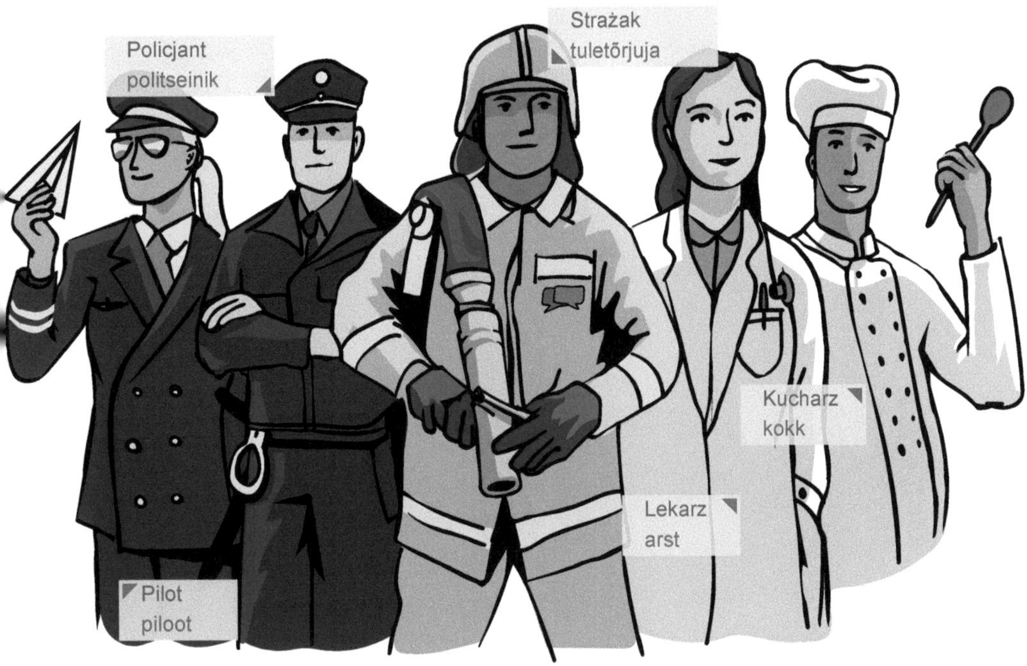

Policjant
politseinik
Strażak
tuletõrjuja
Kucharz
kokk
Lekarz
arst
Pilot
piloot

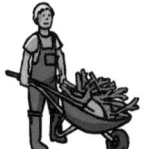

Ogrodnik

aednik

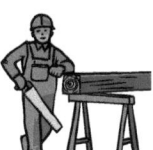

Stolarz

puusepp

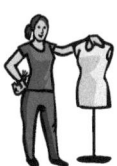

Krawcowa

õmbleja

Sędzia

kohtunik

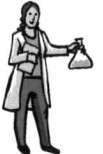

Chemik

keemik

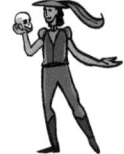

Aktor

näitleja

Kierowca autobusu

bussijuht

Taksówkarz

taksojuht

Fischer

kalamees

Sprzątaczka

koristaja

Dekarz

katusepaigaldaja

Kelner

kelner

Myśliwy

jahimees

Malarz

maaler

Piekarz

pagar

Elektryk

elektrik

Robotnik budowlany

ehitaja

Inżynier

insener

Rzeźnik

lihunik

Instalator

torumees

Listonosz

postiljon

Żołnierz

sõdur

Architekt

arhitekt

Kasjer

kassapidaja

Florysta

lillemüüja

Fryzjer

juuksur

Konduktor

piletikontrolör

Mechanik

mehaanik

Kapitan

kapten

Dentysta

hambaarst

Naukowiec

teadlane

Rabin

rabi

Imam

imaam

Mnich

munk

Proboszcz

preester

Narzędzia
tööriistad

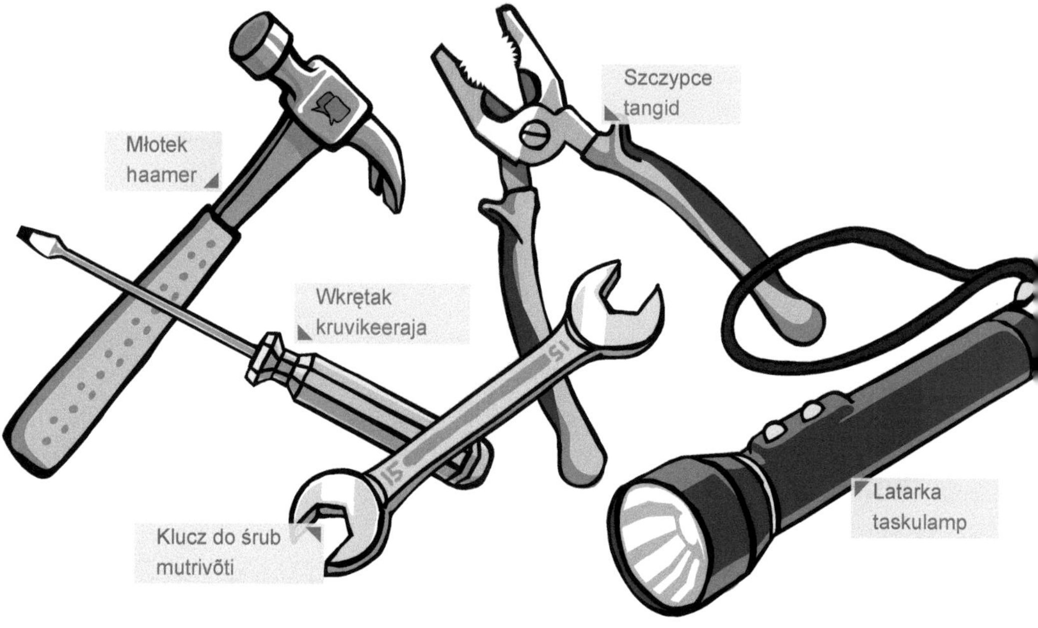
Szczypce
tangid
Młotek
haamer
Wkrętak
kruvikeeraja
Latarka
taskulamp
Klucz do śrub
mutrivõti

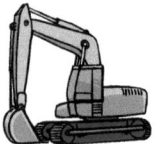

Koparka

ekskavaator

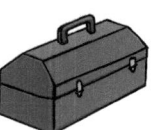

Skrzynka narzędziowa

tööriistakast

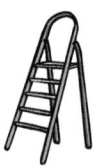

Drabina

redel

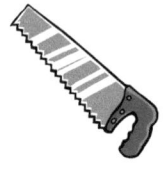

Piła

saag

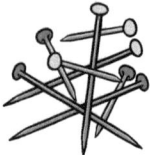

Gwoździe

naelad

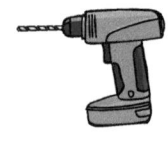

Wiertło

trell

naprawić
....
parandama

Łopatka
....
labidas

Cholera!
....
Põrgusse!

Szufelka
....
kühvel

Puszka z farbą
....
värvipott

Śruby
....
kruvid

Instrumenty muzyczne
pillid

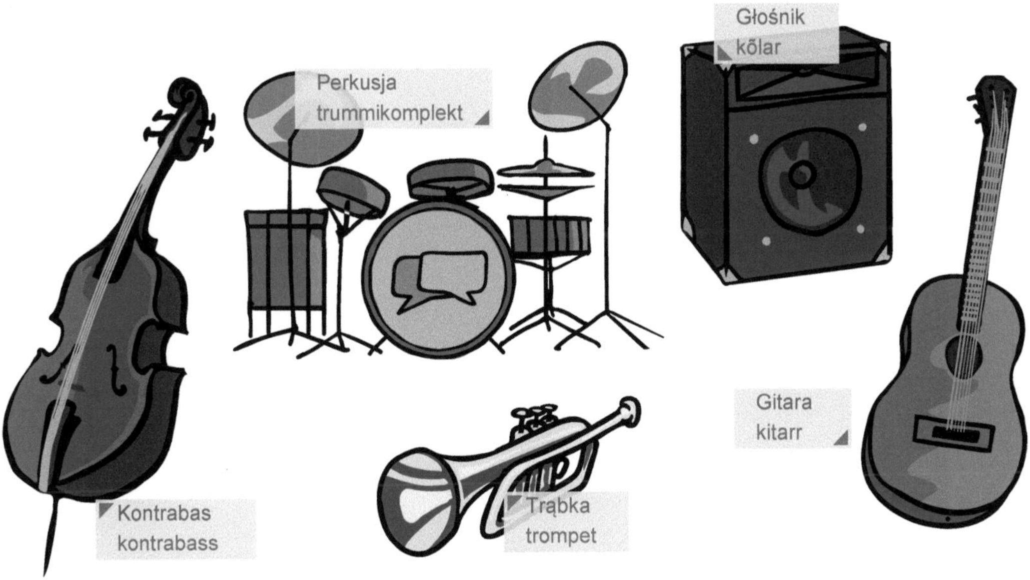

Perkusja
trummikomplekt

Głośnik
kõlar

Kontrabas
kontrabass

Trąbka
trompet

Gitara
kitarr

Pianino
klaver

Skrzypce
viiul

Bas
bass

Kotły
timpan

Bęben
trummid

Keyboard
süntesaator

Saksofon
saksofon

Flet
flööt

Mikrofon
mikrofon

Zoo
loomaaed

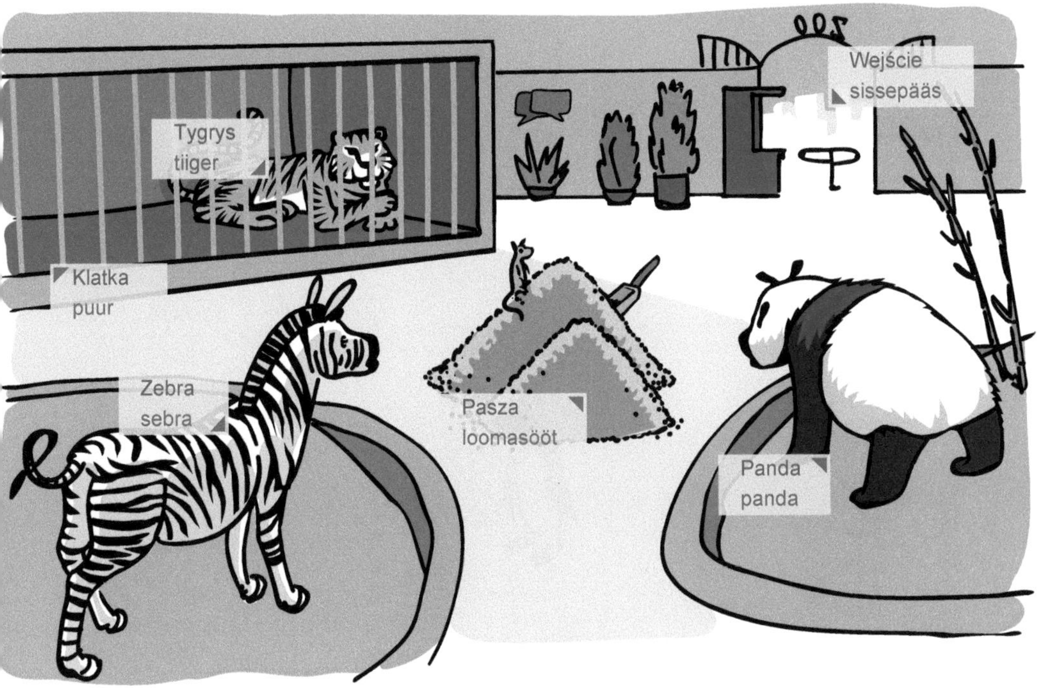

Tygrys
tiiger
Wejście
sissepääs
Klatka
puur
Zebra
sebra
Pasza
loomasööt
Panda
panda

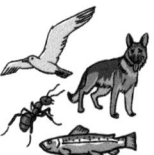

Zwierzęta

loomad

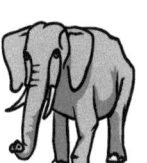

Słoń

elevant

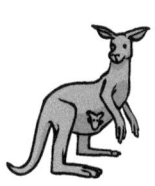

Kangur

känguru

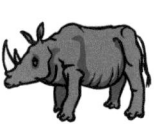

Nosorożec

ninasarvik

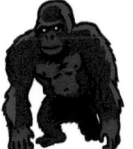

Goryl

gorilla

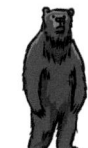

Niedźwiedź

karu

Wielbłąd

kaamel

Struś

jaanalind

Lew

lõvi

Małpa

ahv

Fleming

flamingo

Papuga

papagoi

Niedźwiedź polarny

jääkaru

Pingwin

pingviin

Rekin

hai

Paw

paabulind

Wąż

madu

Krokodyl

krokodill

Dozorca w zoo

loomaaiatalitaja

Foka

hüljes

Jaguar

jaaguar

Kucyk

poni

Żyrafa

kaelkirjak

Ryba

kala

Lis

rebane

Gepard

leopard

Orzeł

kotkas

Żółw

kilpkonn

Gazela

gasell

Hipopotam

jõehobu

Dzik

metssiga

Mors

morsk

Futbol amerykański
Ameerika jalgpall

Kolarstwo
jalgrattasõit

Tenis
tennis

Koszykówka
korvpall

Pływanie
ujumine

Boks
poksimine

Hokej na lodzie
jäähoki

Piłka nożna
jalgpall

Badminton
sulgpall

Lekka atletyka
kergejõustik

Piłka ręczna
käsipall

Narciarstwo
suusatamine

Polo
polo

Działania
tegevused

skakać
hüppama
objąć
kallistama
śmiać się
naerma
iść
jalutama
śpiewać
laulma
marzyć
unistama
modlić się
palvetama
całować
suudlema

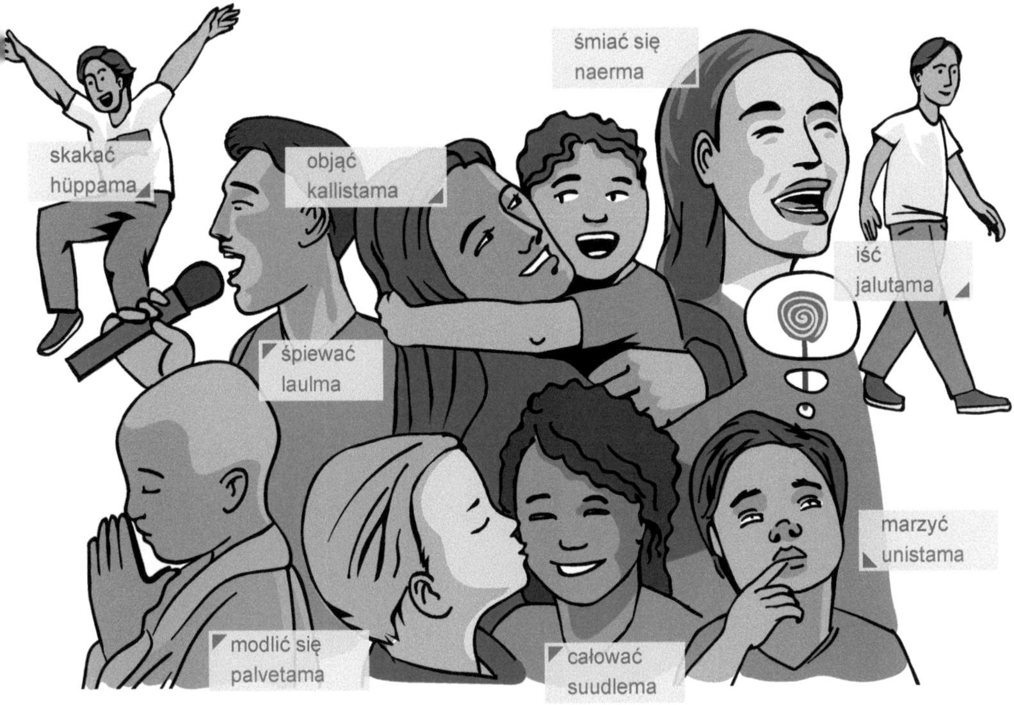

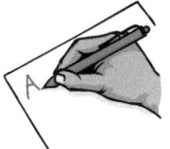

pisać

kirjutama

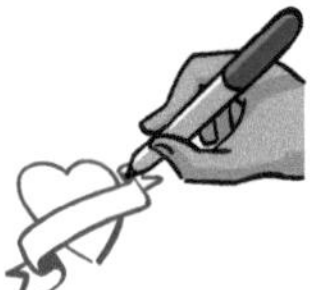

rysować

joonistama

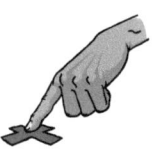

pokazywać

näitama

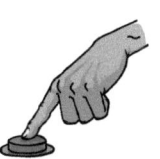

nacisnąć

lükkama

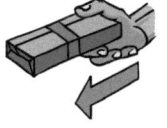

dać

andma

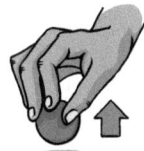

wziąć

võtma

mieć
omama

robić
tegema

być
olema

stać
seisma

biegać
jooksma

ciągnąć
tõmbama

rzucać
viskama

spaść
kukkuma

leżeć
lamama

czekać
ootama

nosić
kandma

siedzieć
istuma

zakładać
riidesse panema

spać
magama

budzić się
ärkama

spojrzeć

vaatama

płakać

nutma

głaskać

paitama

czesać się

kammima

mówić

rääkima

rozumieć

aru saama

pytać

küsima

słyszeć

kuulama

pić

jooma

jeść

sööma

sprzątać

korrastama

kochać

armastama

gotować

süüa tegema

jechać

sõitma

latać

lendama

żeglować

purjetama

liczyć

arvutama

czytać

lugema

uczyć się

õppima

pracować

töötama

wejść w związek małżeński

abielluma

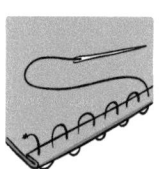

szyć

õmblema

myć zęby

hambaid pesema

zabić

tapma

palić tytoń

suitsetama

wysłać

saatma

Babcia
vanaema

Dziadek
vanaisa

Ojciec
isa

Matka
ema

Niemowlę
imik

Córka
tütar

Syn
poeg

Gość

külaline

Ciotka

tädi

Wujek

onu

Brat

vend

Siostra

õde

Ciało
keha

Czoło
otsmik
Oko
silm
Twarz
nägu
Broda
lõug
Pierś
rind
Palec
sõrm
Ręka
käsi
Ramię
käsivars
Ramię
õlg
Noga
jalg

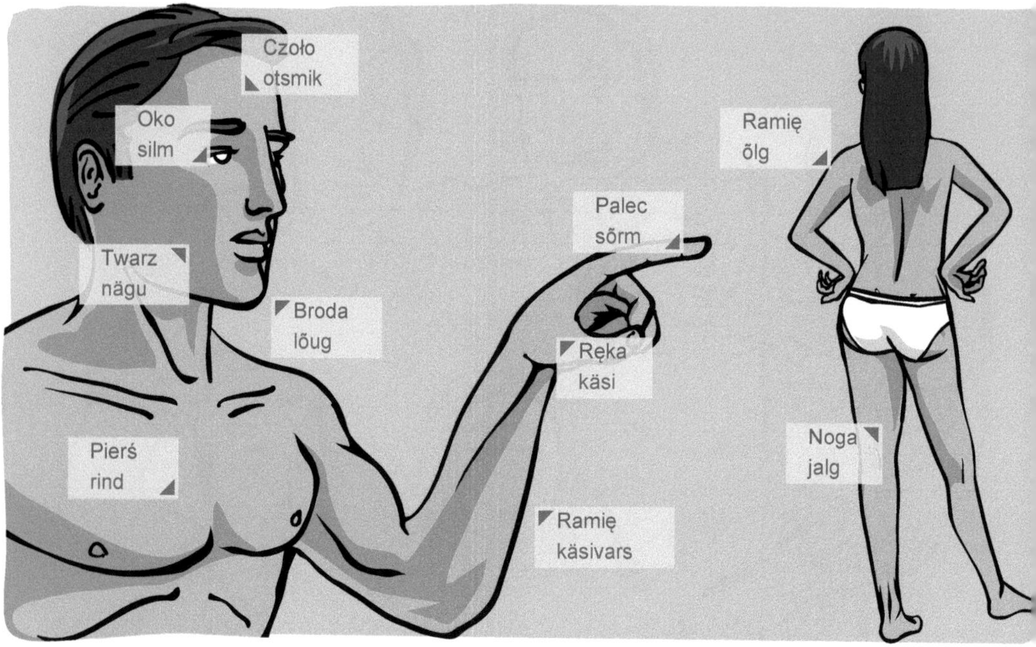

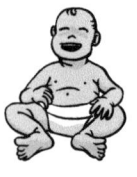

Niemowlę
imik

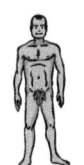

Mężczyzna
mees

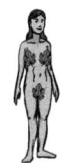

Kobieta
naine

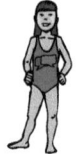

Dziewczyna
tüdruk

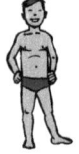

Chłopiec
poiss

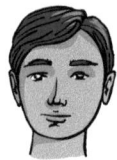

Głowa
pea

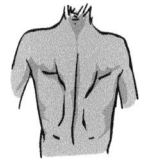

Plecy

selg

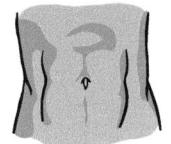

Brzuch

kõht

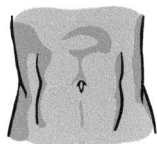

Pępek

naba

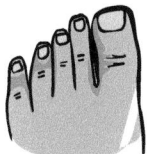

palec nogi

varvas

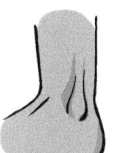

Pięta

kand

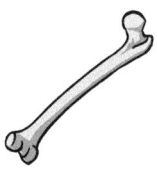

Kość

luu

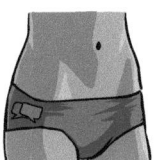

Biodro

puus

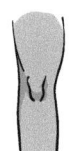

Kolano

põlv

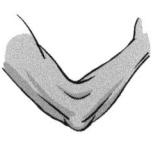

Łokieć

küünarnukk

Nos

nina

Pośladki

tagumik

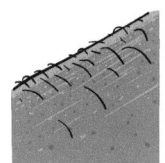

Skóra

nahk

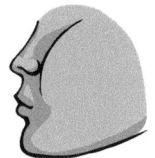

Policzek

põsk

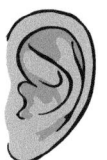

Uszy

kõrv

Warga

huuled

Usta

suu

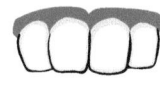

Ząb

hammas

Język

keel

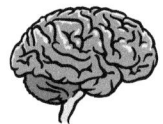

Mózg

aju

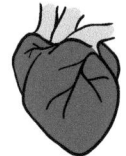

Serce

süda

Mięsień

lihas

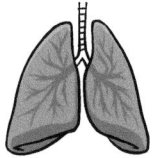

Płuca

kops

Wątroba

maks

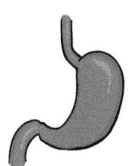

Żołądek

magu

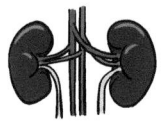

Nerki

neerud

Stosunek płciowy

seksuaalvahekord

Kondom

kondoom

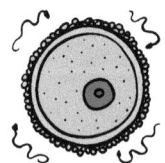

Komórka jajowa

munarakk

Sperma

sperma

Ciąża

rasedus

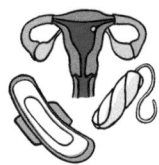

Menstruacja

menstruatsioon

Wagina

vagiina

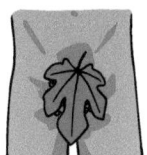

Penis

peenis

Brew

kulm

Włosy

juuksed

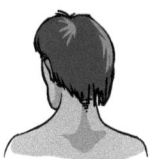

Szyja

kael

Szpital
haigla

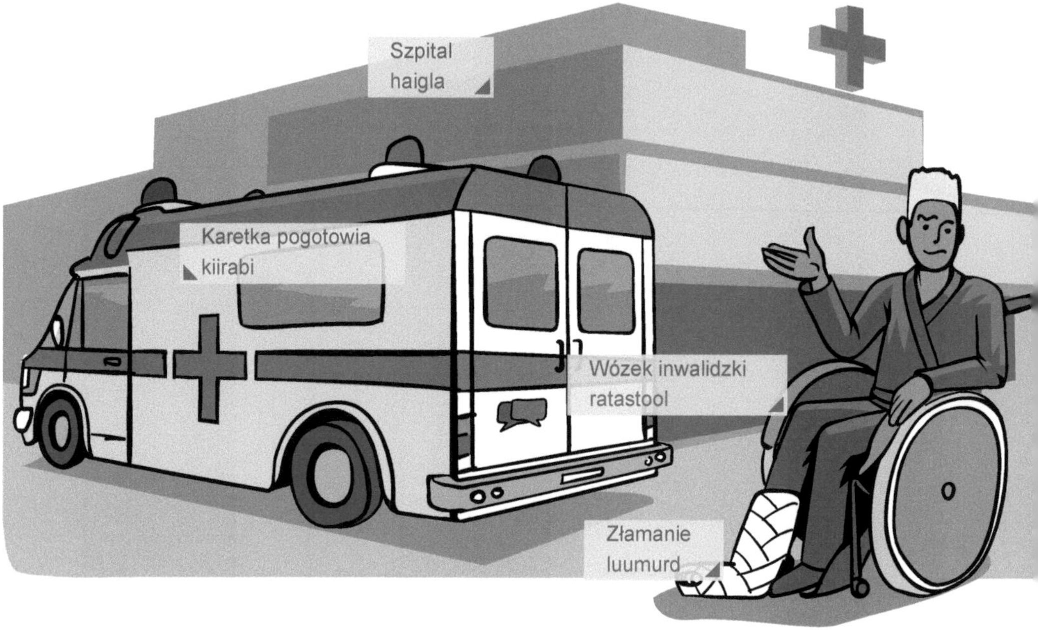

Szpital
haigla
Karetka pogotowia
kiirabi
Wózek inwalidzki
ratastool
Złamanie
luumurd

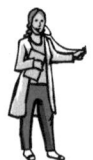

Lekarz

arst

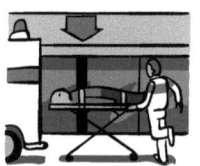

Izba przyjęć

traumapunkt

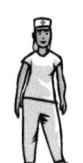

Pielęgniarka

meditsiiniõde

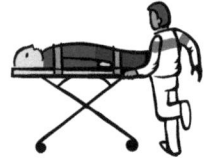

Nagły przypadek

hädaolukord

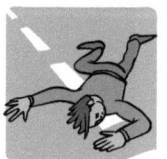

nieprzytomny

teadvuseta

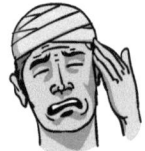

Ból

valu

Skaleczenie

vigastus

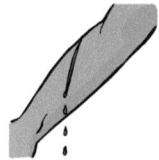

Krwawienie

verejooks

Zawał serca

südamerabandus

Udar mózgu

insult

Alergia

allergia

Kaszleć

köha

Gorączka

palavik

Grypa

gripp

Biegunka

kõhulahtisus

Ból głowy

peavalu

Rak

vähk

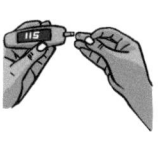

Cukrzyca

diabeet

Chirurg

kirurg

Skalpel

skalpell

Operacja

operatsioon

CT
KT

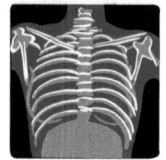

Rentgen
röntgen

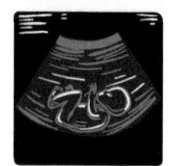

Ultradźwięki
ultraheli

Maska
mask

Choroba
haigus

Poczekalnia
ooteruum

Kula
kark

Plaster
kips

Opatrunek
side

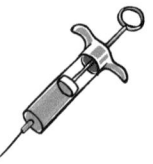

Iniekcja
süst

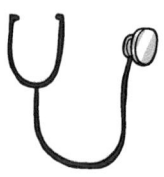

Stetoskop
stetoskoop

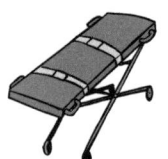

Nosze
kanderaam

Termometr
kraadiklaas

Poród
sünd

Nadwaga
ülekaaluline

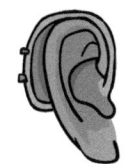

Aparat słuchowy

kuuldeaparaat

Środek dezynfekcyjny

desinfektsioonivahend

Infekcja

põletik

Wirus

viirus

HIV / AIDS

HIV / AIDS

Medycyna

meditsiin

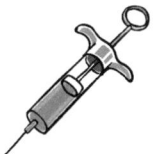

Szczepienie

vaktsineerimine

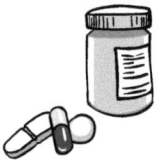

Tabletki

tabletid

Pigułka

pill

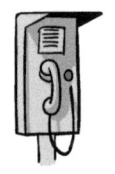

Telefon ratunkowy

hädaabikõne

Ciśnieniomierz krwi

vererõhuaparaat

chory / zdrowy

haige / terve

Pomocy!

Appi!

Alarm

häire

Napad

kallaletung

Atak

rünnak

Niebezpieczeństwo

oht

Wyjście awaryjne

avariiväljapääs

Pożar!

Tulekahju!

Gaśnica

tulekustuti

Wypadek

õnnetus

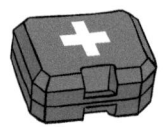

Walizeczka pierwszej pomocy

esmaabikomplekt

SOS

SOS

Policja

politsei

Europa

Euroopa

Ameryka Północna

Põhja-Ameerika

Ameryka Południowa

Lõuna-Ameerika

Afryka

Aafrika

Azja

Aasia

Australia

Austraalia

Atlantyk

Atlandi ookean

Pacyfik

Vaikne ookean

Ocean Indyjski

India ookean

Ocean Antarktyczny

Lõuna-Jäämeri

Ocean Arktyczny

Põhja-Jäämeri

Biegun północny

põhjapoolus

Biegun południowy

lõunapoolus

Antarktyda

Antarktika

Ziemia

Maa

Kraj

maismaa

Morze

meri

Wyspa

saar

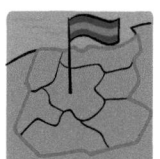

Naród

rahvus

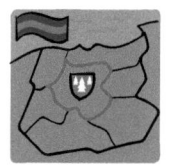

Państwo

riik

Cyferblat

sihverplaat

Wskazówka godzinowa

tunniosuti

Wskazówka minutowa

minutiosuti

Wskazówka sekundowa

sekundiosuti

Która godzina?

Mis kell on?

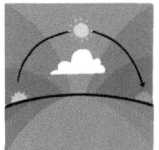

Dzień

päev

Czas

aeg

teraz

praegu

Zegarek digitalny

digitaalne kell

Minuta

minut

Godzina

tund

Tydzień
nädal

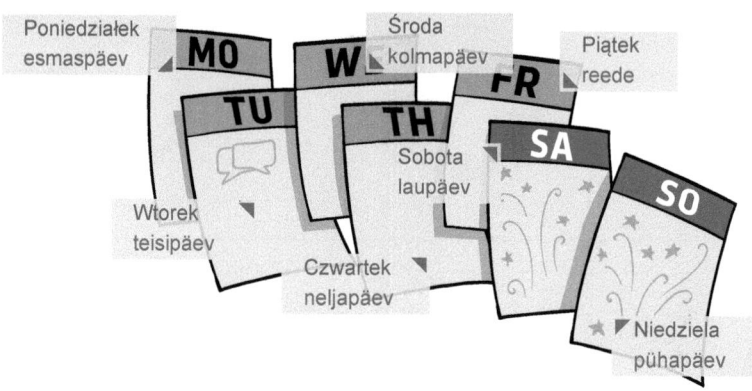

Poniedziałek
esmaspäev

Środa
kolmapäev

Piątek
reede

Wtorek
teisipäev

Czwartek
neljapäev

Sobota
laupäev

Niedziela
pühapäev

wczoraj

eile

dzisiaj

täna

jutro

homme

Rano

hommik

Południe

lõuna

Wieczór

õhtu

Dni robocze

tööpäevad

Weekend

nädalavahetus

Rok
aasta

Deszcz
vihm
Tęcza
vikerkaar
Wiatr
tuul
Śnieg
lumi
Wiosna
kevad
Lato
suvi
Jesień
sügis
Zima
talv

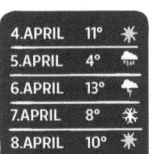

4.APRIL 11°
5.APRIL 4°
6.APRIL 13°
7.APRIL 8°
8.APRIL 10°

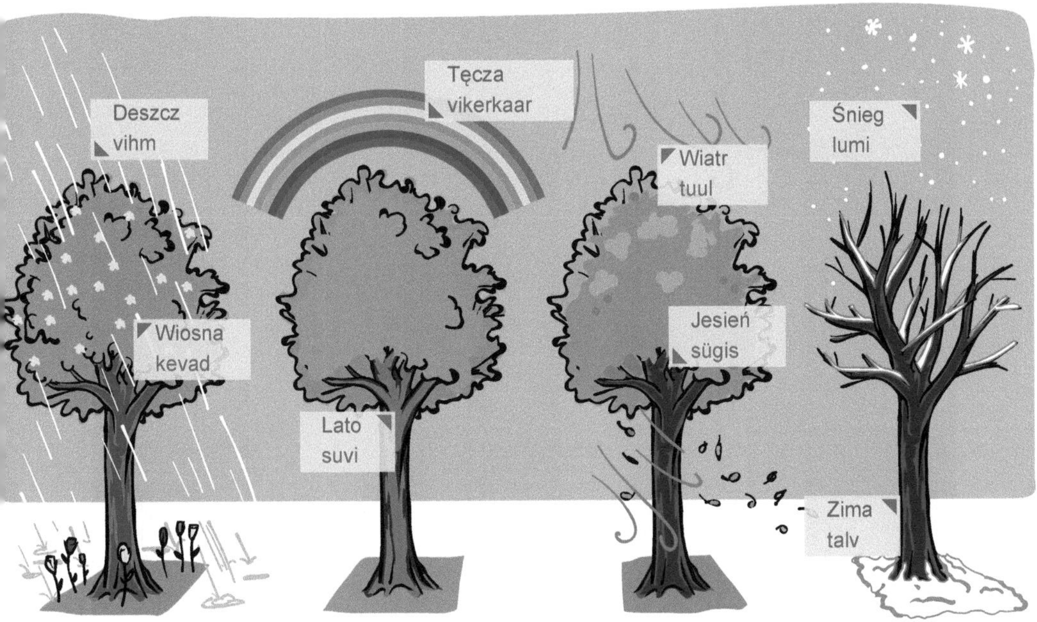

Prognoza pogody

ilmaennustus

F C
120 40
90 30
60 20
30 10
0 0
-30 -10
-20

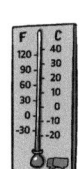

Termometr

termomeeter

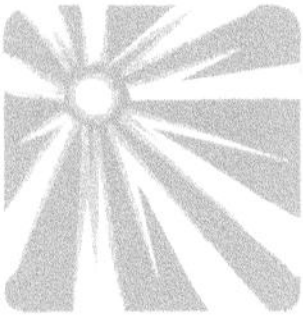

Światło słoneczne

päikesepaiste

Chmura

pilv

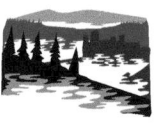

Mgła

udu

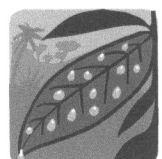

Wilgotność powietrza

niiskus

Błyskawica

pikne

Grzmot

kõu

Sztorm

torm

Grad

rahe

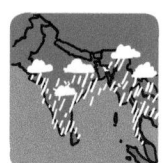

Monsun

mussoon

Potop

üleujutus

Lód

jää

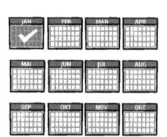

Styczeń

jaanuar

Luty

veebruar

Marzec

märts

Kwiecień

aprill

Maj

mai

Czerwiec

juuni

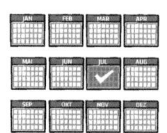

Lipiec

juuli

Sierpień

august

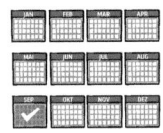

Wrzesień
....
september

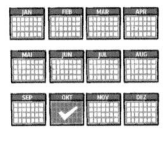

Październik
....
oktoober

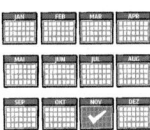

Listopad
....
november

Grudzień
....
detsember

Koło
....
ring

Kwadrat
....
ruut

Prostokąt
....
nelinurk

Trójkąt
....
kolmnurk

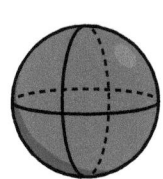

Kula
....
kera

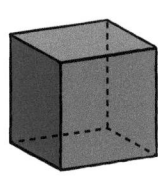

Sześcian
....
kuup

Kolory

värvid

biały
....
valge

żółty
....
kollane

pomarańczowy
....
oranž

różowy
....
roosa

czerwony
....
punane

liliowy
....
lilla

niebieski
....
sinine

zielony
....
roheline

brązowy
....
pruun

szary
....
hall

czarny
....
must

dużo / mało

palju / vähe

wściekły / spokojny

vihane / rahulik

piękny / brzydki

ilus / inetu

początek / koniec

algus / lõpp

duży / mały

suur / väike

jasny / ciemny

hele / tume

brat / siostra

vend / õde

czysty / brudny

puhas / must

kompletny / niekompletny

täielik / puudulik

dzień / noc

päev / öö

umarły / żywy

surnud / elus

szeroki / wąski

lai / kitsas

jadalny / niejadalny

söödav / mittesöödav

zły / uprzejmy

kuri / sõbralik

podniecony / znudzony

põnevil / tüdinud

gruby / chudy

paks / peenike

najpierw / na końcu

esimene / viimane

przyjaciel / wróg

sõber / vaenlane

pełen / pusty

täis / tühi

twardy / miękki

kõva / pehme

ciężki / lekki

raske / kerge

głód / pragnienie

nälg / janu

chory / zdrowy

haige / terve

nielegalny / legalny

ebaseaduslik / seaduslik

inteligentny / głupi

tark / rumal

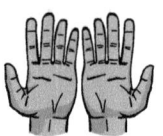

lewo / prawo

vasak / parem

bliski / daleki

lähedal / kaugel

nowy / używany

uus / kasutatud

nic / coś

mitte midagi / midagi

stary / młody

vana / noor

włącz / wyłącz

sees / väljas

otwarty / zamknięty

lahti / kinni

cichy / głośny

vaikne / vali

bogaty / biedny

rikas / vaene

prawidłowy / błędny

õige / vale

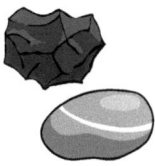

chropowaty / gładki

kare / sile

smutny / szczęśliwy

kurb / rõõmus

krótki / długi

lühike / pikk

powolny / szybki

aeglane / kiire

mokry/suchy

märg / kuiv

ciepły / chłodny

soe / jahe

wojna / pokój

sõda / rahu

0

zero

null

1

jeden

üks

2

dwa

kaks

3

trzy

kolm

4

cztery

neli

5

pięć

viis

6

sześć

kuus

7

siedem

seitse

8

osiem

kaheksa

9

dziewięć

üheksa

10

dziesięć

kümme

11

jedenaście

üksteist

12	**13**	**14**
dwanaście	trzynaście	czternaście
kaksteist	kolmteist	neliteist
15	**16**	**17**
piętnaście	szesnaście	siedemnaście
viisteist	kuusteist	seitseteist
18	**19**	**20**
osiemnaście	dziewiętnaście	dwadzieścia
kaheksateist	üheksateist	kakskümmend
100	**1.000**	**1.000.000**
sto	tysiąc	milion
sada	tuhat	miljon

Angielski

inglise

Angielski amerykański

Ameerika inglise

Chiński mandaryński

mandariini

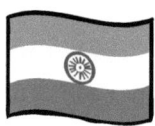

Hindi

hindi

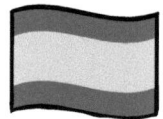

Hiszpański

hispaania

Francuski

prantsuse

Arabski

araabia

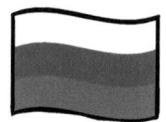

Rosyjski

vene

Portugalski

portugali

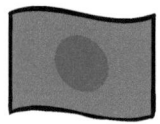

Bengalski

bengali

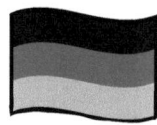

Niemiecki

saksa

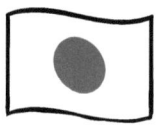

Japoński

jaapani

ja
....
mina

ty
....
sina

on / ona / ono
....
tema

my
....
meie

wy
....
teie

oni
....
nemad

kto?
....
kes?

co?
....
mis?

jak?
....
kuidas?

gdzie?
....
kus?

kiedy?
....
millal?

Nazwisko
....
nimi

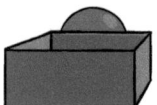

za

taga

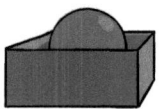

w

sees

przed

ees

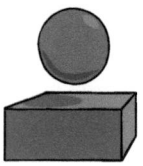

powyżej

kohal

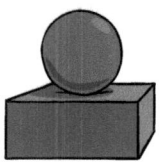

na

peal

pod

all

obok

kõrval

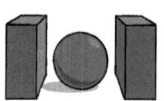

między

vahel

Miejsce

koht